老子道德经帛书甲本
朗读范本

荣志升 | 荣舒曼 | 荣择天 | 编

光明日报出版社

图书在版编目（CIP）数据

老子道德经帛书甲本朗读范本 / 荣志升，荣舒曼，荣择天编 . -- 北京：光明日报出版社，2021.4（2025.10 重印）

ISBN 978-7-5194-5977-2

Ⅰ. ①老… Ⅱ. ①荣… ②荣… ③荣… Ⅲ. ①道家②《道德经》—注释 Ⅳ. ① B223.12

中国版本图书馆 CIP 数据核字（2021）第 071443 号

老子道德经帛书甲本朗读范本

LAOZI DAODEJING BOSHU JIABEN LANGDU FANBEN

编　　者：荣志升　荣舒曼　荣择天

责任编辑：李月娥　　责任校对：鲍鹏飞　傅泉泽
封面设计：中联华文　　责任印制：曹　诤

出版发行：光明日报出版社
地　　址：北京市西城区永安路 106 号，100050
电　　话：010-63169890（咨询），010-63131930（邮购）
传　　真：010-63131930
网　　址：http://book.gmw.cn
E － mail：gmcbs@gmw.cn
法律顾问：北京德恒律师事务所龚柳方律师

印　　刷：三河市华东印刷有限公司
装　　订：三河市华东印刷有限公司
本书如有破损、缺页、装订错误，请与本社联系调换，电话：010-63131930

开　　本：170mm × 240mm
字　　数：55 千字　　印　　张：11.5
版　　次：2021 年 4 月第 1 版　　印　　次：2025 年 10 月第 5 次印刷
书　　号：ISBN 978-7-5194-5977-2

定　　价：95.00 元

序

古人说:“家有三声不败家，读书声居其一也。”诵读经典不仅可以益智、养生、健身，而且还是增进父子亲情、母子亲情、祖孙亲情、夫妻爱情、朋友真情的好方法。当我们和最爱的人相聚在一起，手捧经典，高声诵读同一本书的时候，那是一种真正的幸福。

本书适合诵读年龄三至百岁，堪称朗读爱好者的生命之书，每日爱不释手。

经典可以不用注释，却不可以不吟诵。

遗憾的是，集哲理大智慧的老子著作，在诵读时给我们带来不少困惑——五千余字的著作历经数千年传抄，演绎出数千种版本，是世界书史上绝无仅有的。

选择最接近老子经意的版本开始研学是第一重要的。因所学版本不同而不敢高声诵读的人恐非少数。甚至，身为长者、家长，在给孩子们推荐、解读老子时，因为一些自己也难以说通的困惑而无从入手。但无论如何，老祖宗的圣书我们一代一代总还是要高声诵读的，所以“道可道，非常道”“道，可道，非常道”“道，可道，非恒道”等五花八门的不同发声从诵读开口的第一章第一句就开始了，继而争论不休没有终日。其中统一性的共同错讹甚至一字之差导致经意全非。

为解决这个较为尴尬的诵读问题，给

读者提供最好的诵读体验，本书以马王堆汉墓中老子帛书甲本为基础，根据甲本残缺乙本补之，甲乙本同缺或错误、脱漏，王弼本、世传诸本及今本补之的原则，用简体中文大字号勘校注音，且不对经文做任何文字注释。由于汉字读音、声调不同字义不同的特点，本书注音暨代表作者对老子经文的解读。大道至简，悟在天成，这是解读老子的最佳方式。否则，洋洋百万之言的注解也难解老子本意，失去出版本书的初衷。

本书据帛书甲本勘校编注时，既不妄改经文，又不食古不化照本罗列；既尊重帛书自然顺序，又兼顾传本阅读习惯，故仍按道经在前，德经在后编排，并尊帛书甲本道之原序和德之原序。此与今本章节有异达二十处，详见后记附一：本书章节与今本章节对照。

本书文字注音及删减更正与诸知名传本和今本相异之处甚多，如今本第十二章“五色令人目盲；五音令人耳聋；五味令人口爽；驰骋畋猎，令人心发狂；难得之货，令人行妨；是以圣人为腹不为目，故去彼取此”在本书的经文是“五(wǔ)色(sè)使(shǐ)人(rén)目(mù)盲(máng)，驰(chí)骋(chěng)田(tián)猎(liè)使(shǐ)人(rén)心(xīn)发(fā)狂(kuáng)，难(nán)得(dé)之(zhī)货(huò)使(shǐ)人(rén)之(zhī)行(xíng)妨(fáng)，五(wǔ)味(wèi)使(shǐ)人(rén)之(zhī)口(kǒu)爽(shuǎng)，五(wǔ)音(yīn)使(shǐ)人(rén)之(zhī)耳(ěr)聋(lóng)。是(shì)以(yǐ)圣(shèng)人(rén)之(zhī)治(zhì)也(yě)，为(wéi)腹(fù)不(bù)为(wéi)目(mù)，故(gù)去(qù)彼(bǐ)取(qǔ)此(cǐ)”。

再如，第五章的“虚而不屈”之“屈”，诸本及今本常被人读作“鼓”音或读“区”音，均属谬读。本书据“屈”在老子经意中的本意，读音标注为“屈(jué)”。

又如，诸本第八章“居众人之所恶”中“人”字据甲本当属后人衍入。上句“水善利万物而有静”，故下句“众”乃万物矣，而非“众人”。

第五十四章甲本残毁节以乙本“修之国”补之，并更“国”为“邦”，以和下文“以邦观邦”。因乙本避高祖刘邦讳，故补甲本时当更“国”为“邦”。类例不再举，不赘述。

数年来，愚虽携女等众亲共同勘校注音，却自知寡陋，对经文理解犹井蛙语海，甚或曲解谬注，恳盼指正，再版时定更正并致谢。

二〇一九年八月

荣志升序于龙子湖

目录

第一章

dào
道，

kě dào yě
可 道 也，

fēi héng dào yě
非 恒 道 也。

míng
名，

kě míng yě
可 名 也，

fēi héng míng yě
非 恒 名 也。

wú míng
无 名，

wàn wù zhī shǐ yě
万 物 之 始 也；

yǒu míng
有名，

wàn wù zhī mǔ yě
万物之母也。

gù héng wú yù yě
故恒无欲也，

yǐ guān qí miào
以观其妙；

héng yǒu yù yě
恒有欲也，

yǐ guān qí suǒ jiào
以观其所徼。

liǎng zhě tóng chū
两者同出，

yì míng tóng wèi
异名同谓，

xuán zhī yòu xuán
玄之又玄，

zhòng miào zhī mén
众妙之门。

第二章

tiān xià jiē zhī měi zhī wéi měi
天下皆知美之为美，

è yǐ
恶已；

jiē zhī shàn
皆知善，

sī bú shàn yǐ
斯不善矣。

yǒu wú zhī xiāng shēng yě
有无之相生也，

nán yì zhī xiāng chéng yě
难易之相成也，

cháng duǎn zhī xiāng xíng yě
长短之相形也，

gāo xià zhī xiāng yíng yě
高下之相盈也，

yīn shēng zhī xiāng hé yě
音声之相和也，

xiān hòu zhī xiāng suí
先后之相随，

héng yě
恒也。

shì yǐ shèng rén jū wú wéi zhī shì
是以圣人居无为之事，

xíng bù yán zhī jiào
行不言之教。

wàn wù zuò ér fú shǐ yě
万物作而弗始也，

wéi ér fú shì yě
为而弗恃也，

chéng gōng ér fú jū yě
成功而弗居也。

fú wéi fú jū
夫唯弗居，

shì yǐ fú qù
是以弗去。

第三章

bú shàng xián
不上贤，

shǐ mín bù zhēng
使民不争。

bú guì nán dé zhī huò
不贵难得之货，

shǐ mín bù wéi dào
使民不为盗。

bú xiàn kě yù
不见可欲，

shǐ mín bú luàn
使民不乱。

shì yǐ shèng rén zhī zhì yě
是以圣人之治也，

xū qí xīn
虚其心，

shí qí fù
实其腹，

ruò qí zhì
弱其志，

qiáng qí gǔ
强其骨。

héng shǐ mín wú zhī wú yù yě
恒使民无知无欲也，

shǐ fú zhì bù gǎn
使夫智不敢，

fú wéi ér yǐ
弗为而已，

zé wú bú zhì yǐ
则无不治矣。

第四章

dào chōng
道盅，

ér yòng zhī yòu fú yíng yě
而用之又弗盈也。

yuān a
渊呵，

sì wàn wù zhī zōng
似万物之宗。

cuò qí ruì
挫其锐，

jiě qí fēn
解其纷，

hé qí guāng
和其光，

tóng qí chén
同其尘。

zhàn a sì huò cún
湛呵似或存，

wú bù zhī qí shuí zhī zǐ yě
吾不知其谁之子也，

xiàng dì zhī xiān
象帝之先。

第五章

tiān dì bù rén
天地不仁，

yǐ wàn wù wéi chú gǒu
以万物为刍狗；

shèng rén bù rén
圣人不仁，

yǐ bǎi xìng wéi chú gǒu
以百姓为刍狗。

tiān dì zhī jiān
天地之间，

qí yóu tuó yuè yú
其犹橐籥与？

xū ér bù jué
虚而不屈，

dòng ér yù chū
动 而 愈 出。

duō wén shuò qióng
多 闻 数 穷，

bú ruò shǒu yú zhōng
不 若 守 于 中。

第六章

gǔ shén bù sǐ
谷神不死，

shì wèi xuán pìn
是谓玄牝。

xuán pìn zhī mén
玄牝之门，

shì wèi tiān dì zhī gēn
是谓天地之根。

mián mián a ruò cún
绵绵呵若存，

yòng zhī bù qín
用之不勤。

第七章

tiān cháng dì jiǔ
天长地久。

tiān dì zhī suǒ yǐ néng cháng qiě jiǔ zhě
天地之所以能长且久者，

yǐ qí bú zì shēng yě
以其不自生也，

gù néng cháng shēng
故能长生。

shì yǐ shèng rén tuì qí shēn ér shēn xiān
是以圣人退其身而身先，

wài qí shēn ér shēn cún
外其身而身存。

bù yǐ qí wú sī yú
不以其无私与，

gù néng chéng qí sī
故能成其私。

第八章

shàng shàn sì shuǐ
上善似水。

shuǐ shàn lì wàn wù ér yǒu jìng
水善利万物而有静，

jū zhòng zhī suǒ wù
居众之所恶，

gù jī yú dào yǐ
故几于道矣。

jū shàn dì
居善地，

xīn shàn yuān
心善渊，

yǔ shàn tiān
予善天，

yán shàn xìn
言善信，

zhèng shàn zhì
政善治，

shì shàn néng
事善能，

dòng shàn shí
动善时。

fú wéi bù zhēng
夫唯不争，

gù wú yóu
故无尤。

第九章

chí ér yíng zhī
持而盈之，

bú ruò qí yǐ
不若其已。

zhuī ér ruì zhī
揣而锐之，

bù kě cháng bǎo yě
不可长保也。

jīn yù yíng shì
金玉盈室，

mò zhī shǒu yě
莫之守也。

guì fù ér jiāo
贵富而骄，

zì yí jiù yě
自遗咎也。

gōng suì shēn tuì
功遂身退，

tiān zhī dào yě
天之道也。

第十章

zài yíng pò bào yī
载营魄抱一，

néng wú lí hū
能毋离乎？

tuán qì zhì róu
抟气至柔，

néng yīng ér hū
能婴儿乎？

dí chú xuán jiàn
涤除玄鉴，

néng wú cī hū
能毋疵乎？

ài mín zhì guó
爱民治国，

néng wú yǐ zhì hū
能毋以智乎？

tiān mén qǐ hé
天门启阖，
néng wéi cí hū
能为雌乎？
míng bái sì dá
明白四达，
néng wú yǐ zhī hū
能毋以知乎？
shēng zhī xù zhī
生之畜之，
shēng ér fú yǒu
生而弗有，
zhǎng ér fú zǎi yě
长而弗宰也，
shì wèi xuán dé
是谓玄德。

第十一章

sānshí fú tóng yī gǔ
卅辐同一毂，

dāng qí wú
当其无，

yǒu chē zhī yòng yě
有车之用也。

shān zhí wéi qì
埏埴为器，

dāng qí wú
当其无，

yǒu zhí qì zhī yòng yě
有埴器之用也。

záo hù yǒu
凿户牖，

dāng qí wú
当其无，

yǒu shì zhī yòng yě
有室之用也。

gù yǒu zhī yǐ wéi lì
故有之以为利，

wú zhī yǐ wéi yòng
无之以为用。

第十二章

wǔ sè shǐ rén mù máng
五色使人目盲，

chí chěng tián liè shǐ rén xīn fā kuáng
驰骋田猎使人心发狂，

nán dé zhī huò shǐ rén zhī xíng fáng
难得之货使人之行妨，

wǔ wèi shǐ rén zhī kǒu shuǎng
五味使人之口爽，

wǔ yīn shǐ rén zhī ěr lóng
五音使人之耳聋。

shì yǐ shèng rén zhī zhì yě
是以圣人之治也，

wéi fù bù wéi mù
为腹不为目，

gù qù bǐ qǔ cǐ
故去彼取此。

第十三章

chǒng rǔ ruò jīng
宠 辱 若 惊，

guì dà huàn ruò shēn
贵 大 患 若 身。

hé wèi chǒng rǔ ruò jīng
何 谓 宠 辱 若 惊？

chǒng zhī wéi xià
宠 之 为 下。

dé zhī ruò jīng
得 之 若 惊，

shī zhī ruò jīng
失 之 若 惊，

shì wèi chǒng rǔ ruò jīng
是 谓 宠 辱 若 惊。

hé wèi guì dà huàn ruò shēn
何 谓 贵 大 患 若 身？

wú suǒ yǐ yǒu dà huàn zhě
吾所以有大患者，

wèi wú yǒu shēn yě
为吾有身也；

jí wú wú shēn
及吾无身，

yǒu hé huàn
有何患？

gù guì wéi shēn yú wéi tiān xià
故贵为身于为天下，

ruò kě yǐ tuō tiān xià yǐ
若可以托天下矣；

ài yǐ shēn wéi tiān xià
爱以身为天下，

rú kě yǐ jì tiān xià
如可以寄天下。

第十四章

shì zhī ér fú jiàn
视之而弗见，

míng zhī yuē wēi
名之曰微。

tīng zhī ér fú wén
听之而弗闻，

míng zhī yuē xī
名之曰希。

mín zhī ér fú dé
搢之而弗得，

míng zhī yuē yí
名之曰夷。

sān zhě bù kě zhì jié
三者不可致诘，

gù hùn ér wéi yī
故混而为一。

yī zhě
一者，

qí shàng bù jiǎo
其上不皦，

qí xià bú mèi
其下不昧。

xún xún a bù kě míng yě
寻寻呵不可名也，

fù guī yú wú wù
复归于无物。

shì wèi wú zhuàng zhī zhuàng
是谓无状之状，

wú wù zhī xiàng
无物之象，

shì wèi hū huǎng
是谓忽恍。

suí ér bú jiàn qí hòu
随而不见其后，

yíng ér bú jiàn qí shǒu
迎而不见其首。

zhí jīn zhī dào
执今之道，

yǐ yù jīn zhī yǒu
以御今之有，

yǐ zhī gǔ shǐ
以知古始，

shì wèi dào jì
是谓道纪。

第十五章

gǔ zhī shàn wéi dào zhě
古之善为道者，

wēi miào xuán dá
微妙玄达，

shēn bù kě shí
深不可识。

fú wéi bù kě shí
夫唯不可识，

gù qiǎng wèi zhī róng
故强为之容。

yuē
曰：

yù a qí ruò dōng shè shuǐ
豫呵其若冬涉水。

yóu a qí ruò wèi sì lín
犹呵其若畏四邻。

yán a qí ruò kè
严呵其若客。

huàn a qí ruò líng shì
涣呵其若凌释。

dūn a qí ruò pǔ
敦呵其若朴。

hún a qí ruò zhuó
混呵其若浊。

kuàng a qí ruò gǔ
旷呵其若谷。

zhuó ér jìng zhī xú qīng
浊而静之徐清，

ān yǐ dòng zhī xú shēng
安以动之徐生。

bǎo cǐ dào bú yù yíng
保此道不欲盈，

fú wéi bú yù yíng
夫唯不欲盈，

shì yǐ néng bì ér bù chéng
是以能敝而不成。

第十六章

zhì xū jí yě
致虚极也，

shǒu jìng dǔ yě
守静笃也，

wàn wù bìng zuò
万物并作，

wú yǐ guān qí fù yě
吾以观其复也。

fú wù yún yún
夫物云云，

gè fù guī yú qí gēn
各复归于其根。

guī gēn yuē jìng
归根曰静，

jìng
静，

shì wèi fù mìng
是谓复命。

fù mìng cháng yě
复命常也，

zhī cháng míng yě
知常明也；

bù zhī cháng
不知常，

wàng
妄，

wàng zuò
妄作，

xiōng
凶。

zhī cháng róng
知常容，

róng nǎi gōng
容乃公，

gōng nǎi wáng
公乃王，

wáng nǎi tiān
王 乃 天，

tiān nǎi dào
天 乃 道，

dào nǎi jiǔ
道 乃 久，

mò shēn bú dài
没 身 不 殆。

第十七章

tài shàng
太上，

xià zhī yǒu zhī
下知有之。

qí cì
其次，

qīn yù zhī
亲誉之。

qí cì
其次，

wèi zhī
畏之。

qí xià
其下，

wǔ zhī
侮之。

xìn bù zú
信不足，

àn yǒu bú xìn
案有不信。

yóu a
犹呵，

qí guì yán yě
其贵言也。

chéng gōng suì shì
成功遂事，

ér bǎi xìng wèi wǒ zì rán
而百姓谓我自然。

第十八章

gù dà dào fèi
故大道废，

àn yǒu rén yì
案有仁义。

zhì huì chū
智慧出，

àn yǒu dà wěi
案有大伪。

liù qīn bù hé
六亲不和，

àn yǒu xiào cí
案有孝慈。

bāng jiā hūn luàn
邦家昏乱，

àn yǒu zhēn chén
案有贞臣。

第十九章

jué shèng qì zhì
绝圣弃智，

mín lì bǎi bèi
民利百倍。

jué rén qì yì
绝仁弃义，

mín fù xiào cí
民复孝慈。

jué qiǎo qì lì
绝巧弃利，

dào zéi wú yǒu
盗贼无有。

cǐ sān yán yě
此三言也，

yǐ wéi wén wèi zú
以为文未足，

gù lìng zhī yǒu suǒ shǔ
故令之有所属。

jiàn sù bào pǔ
见素抱朴，

shǎo sī ér guǎ yù
少私而寡欲。

jué xué wú yōu
绝学无忧。

第二十章

wéi yǔ hē
唯与诃，

qí xiāng qù jǐ hé
其相去几何？

měi yǔ è
美与恶，

qí xiāng qù hé ruò
其相去何若？

rén zhī suǒ wèi
人之所畏，

yì bù kě yǐ bú wèi rén
亦不可以不畏人。

wàng a
望呵，

qí wèi yāng zāi
其未央哉！

zhòng rén xī xī
众人熙熙，

ruò xiǎng yú tài láo
若飨于大牢，

ér chūn dēng tái
而春登台。

wǒ bó yān wèi zhào
我泊焉未兆，

ruò yīng ér wèi hái
若婴儿未咳。

léi a
累呵，

rú wú suǒ guī
如无所归。

zhòng rén jiē yǒu yú
众人皆有余，

wǒ dú kuì
我独匮。

wǒ yú rén zhī xīn yě
我愚人之心也，

dùn dùn a
沌沌呵。

sú rén zhāo zhāo
俗人昭昭，

wǒ dú ruò hūn a
我独若昏呵。

sú rén chá chá
俗人察察，

wǒ dú mèn mèn a
我独闷闷呵。

hū a
忽呵，

qí ruò hǎi
其若海。

huǎng a
恍呵，

qí ruò wú suǒ zhǐ
其若无所止。

zhòng rén jiē yǒu yǐ
众人皆有以，

wǒ dú wán yǐ lǐ
我独顽以俚。

wǒ yù dú yì yú rén
我欲独异于人，

ér guì sì mǔ
而贵食母。

第二十一章

kǒng dé zhī róng
孔德之容，

wéi dào shì cóng
唯道是从。

dào zhī wù
道之物，

wéi huǎng wéi hū
唯恍唯忽。

hū a huǎng a
忽呵恍呵，

zhōng yǒu xiàng a
中有象呵。

huǎng a hū a
恍呵忽呵，

zhōng yǒu wù a
中有物呵。

yōu a míng a
幽呵冥呵，

zhōng yǒu qíng a
中有情呵。

qí qíng shèn zhēn
其情甚真，

qí zhōng yǒu xìn
其中有信。

zì jīn jí gǔ
自今及古，

qí míng bú qù
其名不去，

yǐ shùn zhòng fǔ
以顺众父。

wú hé yǐ zhī zhòng fǔ zhī rán
吾何以知众父之然，

yǐ cǐ
以此。

第二十二章

qǐ zhě bú lì
企者不立，

zì shì zhě bù zhāng
自是者不彰，

zì xiàn zhě bù míng
自见者不明，

zì fá zhě wú gōng
自伐者无功，

zì jīn zhě bù zhǎng
自矜者不长。

qí zài dào
其在道，

yuē yú shí zhuì xíng
曰余食赘行，

wù huò wù zhī
物或恶之，

gù yǒu yù zhě fú jū
故有裕者弗居。

第二十三章

qū zé quán
曲则全，

wǎng zé zhèng
枉则正，

wā zé yíng
洼则盈，

bì zé xīn
敝则新，

shǎo zé dé
少则得，

duō zé huò
多则惑。

shì yǐ shèng rén zhí yī
是以圣人执一，

yǐ wéi tiān xià mù
以为天下牧。

bú zì shì gù zhāng
不自是故彰，

bú zì xiàn gù míng
不自见故明，

bú zì fá gù yǒu gōng
不自伐故有功，

fú jīn gù néng zhǎng
弗矜故能长。

fú wéi bù zhēng
夫唯不争，

gù mò néng yǔ zhī zhēng
故莫能与之争。

gǔ zhī suǒ wèi qū quán zhě
古之所谓曲全者，

qǐ yǔ zāi
岂语哉！

chéng quán guī zhī
诚全归之。

第二十四章

xī yán zì rán
希言自然，

piāo fēng bù zhōng zhāo
飘风不终朝，

bào yǔ bù zhōng rì
暴雨不终日。

shú wéi cǐ
孰为此？

tiān dì ér fú néng jiǔ
天地而弗能久，

yòu kuàng yú rén hū
又况于人乎！

gù cóng shì ér dào zhě tóng yú dào
故从事而道者同于道，

dé zhě tóng yú dé
德者同于德，

shī zhě tóng yú shī
失者同于失。

tóng yú dé zhě
同于德者，

dào yì dé zhī
道亦德之。

tóng yú shī zhě
同于失者，

dào yì shī zhī
道亦失之。

第二十五章

yǒu wù hùn chéng
有物混成，

xiān tiān dì shēng
先天地生。

jì a liáo a
寂呵寥呵，

dú lì ér bù gǎi
独立而不改，

kě yǐ wéi tiān dì mǔ
可以为天地母。

wú wèi zhī qí míng
吾未知其名，

zì zhī yuē dào
字之曰道。

wú qiǎng wèi zhī míng yuē dà
吾强为之名曰大，

dà yuē shì
大曰逝，

shì yuē yuǎn
逝曰远，

yuǎn yuē fǎn
远曰返。

dào dà
道大，

tiān dà
天大，

dì dà
地大，

wáng yì dà
王亦大。

guó zhōng yǒu sì dà
国中有四大，

ér wáng jū yī yān
而王居一焉。

rén fǎ dì
人 法 地，

dì fǎ tiān
地 法 天，

tiān fǎ dào
天 法 道，

dào fǎ zì rán
道 法 自 然。

第二十六章

zhòng wéi qīng gēn
重为轻根，

jìng wéi zào jūn
静为躁君。

shì yǐ jūn zǐ zhōng rì xíng
是以君子终日行，

bù lí qí zī zhòng
不离其辎重。

suī yǒu yíng guàn
虽有营观，

yàn chǔ zé chāo ruò
燕处则超若。

ruò hé wàn shèng zhī wáng
若何万乘之王，

ér yǐ shēn qīng yú tiān xià
而以身轻于天下？

qīng zé shī běn
轻则失本，

zào zé shī jūn
躁则失君。

第二十七章

shàn xíng zhě wú zhé jì
善行者无辙迹，

shàn yán zhě wú xiá zhé
善言者无瑕谪，

shàn shǔ zhě bù yǐ chóu cè
善数者不以筹策，

shàn bì zhě wú guān yuè ér bù kě qǐ yě
善闭者无关钥而不可启也，

shàn jié zhě wú mò yuē ér bù kě jiě yě
善结者无墨约而不可解也。

shì yǐ shèng rén héng shàn jiù rén
是以圣人恒善救人，

ér wú qì rén
而无弃人，

wù wú qì cái
物无弃材，

shì wèi xí míng
是谓袭明。

gù shàn rén
故善人，

shàn rén zhī shī
善人之师；

bú shàn rén
不善人，

shàn rén zhī zī yě
善人之资也。

bú guì qí shī
不贵其师，

bú ài qí zī
不爱其资，

suī zhì hū dà mí
虽智乎大迷，

shì wèi miào yào
是谓妙要。

第二十八章

zhī qí xióng
知其雄，

shǒu qí cí
守其雌，

wéi tiān xià xī
为天下溪。

wéi tiān xià xī
为天下溪，

héng dé bù lí
恒德不离。

héng dé bù lí
恒德不离，

fù guī yīng ér
复归婴儿。

zhī qí róng
知其荣，

shǒu qí rǔ
守其辱，

wéi tiān xià gǔ
为天下谷。

wéi tiān xià gǔ
为天下谷，

héng dé nǎi zú
恒德乃足。

héng dé nǎi zú
恒德乃足，

fù guī yú pǔ
复归于朴。

zhī qí bái
知其白，

shǒu qí hēi
守其黑，

wéi tiān xià shì
为天下式。

wéi tiān xià shì
为天下式，

héng dé bú tè
恒德不忒。

héng dé bú tè
恒德不忒，

fù guī yú wú jí
复归于无极。

pǔ sàn zé wéi qì
朴散则为器，

shèng rén yòng zé wéi guān zhǎng
圣人用则为官长。

fú dà zhì wú gē
夫大制无割。

第二十九章

jiāng yù qǔ tiān xià ér wéi zhī
将欲取天下而为之，

wú jiàn qí fú dé yǐ
吾见其弗得已。

fú tiān xià shén qì yě
夫天下神器也，

fēi kě wéi zhě yě
非可为者也。

wéi zhě bài zhī
为者败之，

zhí zhě shī zhī
执者失之。

wù huò xíng huò suí
物或行或随，

huò xū huò chuī
或嘘或吹，

huò qiáng huò léi
或强或羸，

huò péi huò huī
或培或堕。

shì yǐ shèng rén qù shèn
是以圣人去甚，

qù tài
去泰，

qù shē
去奢。

第三十章

yǐ dào zuǒ rén zhǔ
以道佐人主，

bù yǐ bīng qiáng yú tiān xià
不以兵强于天下，

qí shì hào huán
其事好还。

shī zhī suǒ jū
师之所居，

chǔ jí shēng zhī
楚棘生之。

shàn zhě guǒ ér yǐ yǐ
善者果而已矣，

wú yǐ qǔ qiáng yān
毋以取强焉。

guǒ ér wú jiāo
果而毋骄，

guǒ ér wù jīn
果而勿矜，

guǒ ér wù fá
果而勿伐，

guǒ ér wú dé yǐ jū
果而毋得已居，

shì wèi guǒ ér bù qiáng
是谓果而不强。

wù zhuàng ér lǎo
物壮而老，

shì wèi zhī bú dào
是谓之不道，

bú dào zǎo yǐ
不道早已。

第三十一章

fú bīng zhě
夫兵者，

bù xiáng zhī qì yě
不祥之器也。

wù huò wù zhī
物或恶之，

gù yǒu yù zhě fú jū
故有裕者弗居。

jūn zǐ jū zé guì zuǒ
君子居则贵左，

yòng bīng zé guì yòu
用兵则贵右，

gù bīng zhě fēi jūn zǐ zhī qì yě
故兵者非君子之器也。

bīng zhě bù xiáng zhī qì yě
兵者不祥之器也，

bù dé yǐ ér yòng zhī
不得已而用之，

tián dàn wéi shàng
恬淡为上。

wù měi yě
勿美也，

ruò měi zhī
若美之，

shì lè shā rén yě
是乐杀人也。

fú lè shā rén
夫乐杀人，

bù kě yǐ dé zhì yú tiān xià yǐ
不可以得志于天下矣。

shì yǐ jí shì shàng zuǒ
是以吉事上左，

sāng shì shàng yòu
丧事上右。

shì yǐ piān jiāng jūn jū zuǒ
是以偏将军居左，

shàng jiāng jūn jū yòu
上将军居右；

yán yǐ sāng lǐ jū zhī yě
言以丧礼居之也。

shā rén zhòng
杀人众，

yǐ bēi āi lì zhī
以悲哀立之。

zhàn shèng
战胜，

yǐ sāng lǐ chǔ zhī
以丧礼处之。

第三十二章

dào héng wú míng
道恒无名，

pǔ suī xiǎo
朴虽小，

ér tiān xià fú gǎn chén
而天下弗敢臣。

hóu wáng ruò néng shǒu zhī
侯王若能守之，

wàn wù jiāng zì bīn
万物将自宾。

tiān dì xiāng hé
天地相合，

yǐ yù gān lù
以雨甘露。

mín mò zhī lìng ér zì jūn yān
民莫之令而自均焉。

shǐ zhì yǒu míng
始制有名，

míng yì jì yǒu
名亦既有，

fú yì jiāng zhī zhǐ
夫亦将知止，

zhī zhǐ suǒ yǐ bú dài
知止所以不殆。

pì dào zhī zài tiān xià yě
譬道之在天下也，

yóu xiǎo gǔ zhī yǔ jiāng hǎi yě
犹小谷之与江海也。

第三十三章

zhī rén zhě zhì yě
知人者智也，

zì zhī zhě míng yě
自知者明也。

shèng rén zhě yǒu lì yě
胜人者有力也，

zì shèng zhě qiáng yě
自胜者强也。

zhī zú zhě fù yě
知足者富也，

qiáng xíng zhě yǒu zhì yě
强行者有志也。

bù shī qí suǒ zhě jiǔ yě
不失其所者久也，

sǐ ér bù wáng zhě shòu yě
死而不亡者寿也。

第三十四章

dào fàn a
道 氾 呵，

qí kě zuǒ yòu yě
其 可 左 右 也。

chéng gōng suì shì ér fú míng yǒu yě
成 功 遂 事 而 弗 名 有 也。

wàn wù guī yān ér fú wéi zhǔ
万 物 归 焉 而 弗 为 主，

zé héng wú yù yě
则 恒 无 欲 也，

kě míng yú xiǎo
可 名 于 小。

wàn wù guī yān ér fú wéi zhǔ
万 物 归 焉 而 弗 为 主，

kě míng yú dà
可 名 于 大。

shì yǐ shèng rén zhī néng chéng dà yě
是以圣人之能成大也，

yǐ qí bù wéi dà yě
以其不为大也，

gù néng chéng dà
故能成大。

第三十五章

zhí dà xiàng
执 大 象，

tiān xià wǎng
天 下 往；

wǎng ér bú hài
往 而 不 害，

ān píng tài
安 平 太。

yuè yǔ ěr
乐 与 饵，

guò kè zhǐ
过 客 止。

gù dào zhī chū yán yě
故 道 之 出 言 也，

yuē dàn a qí wú wèi yě
曰 淡 呵 其 无 味 也。

shì zhī bù zú jiàn yě
视之不足见也，

tīng zhī bù zú wén yě
听之不足闻也，

yòng zhī bù kě jì yě
用之不可既也。

第三十六章

jiāng yù xī zhī
将欲翕之，

bì gù zhāng zhī
必固张之；

jiāng yù ruò zhī
将欲弱之，

bì gù qiáng zhī
必固强之；

jiāng yù qù zhī
将欲去之，

bì gù jǔ zhī
必固举之；

jiāng yù duó zhī
将欲夺之，

bì gù yǔ zhī
必固予之；

shì wèi wēi míng
是谓微明。

róu ruò shèng qiáng
柔弱胜强，

yú bù kě tuō yú yuān
鱼不可脱于渊，

bāng lì qì bù kě yǐ shì rén
邦利器不可以示人。

第三十七章

dào héng wú míng
道恒无名，

hóu wáng ruò néng shǒu zhī
侯王若能守之，

wàn wù jiāng zì huà
万物将自化。

huà ér yù zuò
化而欲作，

wú jiāng zhèn zhī yǐ wú míng zhī pǔ
吾将镇之以无名之朴。

zhèn zhī yǐ wú míng zhī pǔ
镇之以无名之朴，

fú jiāng bú yù
夫将不欲。

bú yù yǐ jìng
不欲以静，

tiān dì jiāng zì zhèng
天地将自正。

第三十八章

shàng dé bù dé
上德不德，

shì yǐ yǒu dé
是以有德；

xià dé bù shī dé
下德不失德，

shì yǐ wú dé
是以无德。

shàng dé wú wéi ér wú yǐ wéi yě
上德无为而无以为也。

shàng rén wéi zhī ér wú yǐ wéi yě
上仁为之而无以为也。

shàng yì wéi zhī ér yǒu yǐ wéi yě
上义为之而有以为也。

shàng lǐ wéi zhī ér mò zhī yìng yě
上礼为之而莫之应也，

zé rǎng bì ér rēng zhī
则攘臂而扔之。

gù shī dào ér hòu dé
故失道而后德，

shī dé ér hòu rén
失德而后仁，

shī rén ér hòu yì
失仁而后义，

shī yì ér hòu lǐ
失义而后礼。

fú lǐ zhě
夫礼者，

zhōng xìn zhī bó yě
忠信之薄也，

ér luàn zhī shǒu yě
而乱之首也。

qián shí zhě
前识者，

dào zhī huá yě
道之华也，

ér yú zhī shǒu yě
而愚之首也。

shì yǐ dà zhàng fū jū qí hòu ér
是以大丈夫居其厚而

bù jū qí bó
不居其薄；

jū qí shí ér bù jū qí huá
居其实而不居其华。

gù qù bǐ qǔ cǐ
故去彼取此。

第三十九章

xī zhī dé yī zhě
昔之得一者，

tiān dé yī yǐ qīng
天得一以清，

dì dé yī yǐ níng
地得一以宁，

shén dé yī yǐ líng
神得一以灵，

gǔ dé yī yǐ yíng
谷得一以盈，

hóu wáng dé yī ér yǐ wéi tiān xià zhèng
侯王得一而以为天下正。

qí jiè zhī yě
其诫之也，

wèi tiān wú yǐ qīng jiāng kǒng liè
谓天毋已清将恐裂，

wèi dì wú yǐ níng jiāng kǒng fā
谓地毋已宁将恐发，

wèi shén wú yǐ líng jiāng kǒng xiē
谓神毋已灵将恐歇，

wèi gǔ wú yǐ yíng jiāng kǒng jié
谓谷毋已盈将恐竭，

wèi hóu wáng wú yǐ guì yǐ gāo jiāng kǒng jué
谓侯王毋已贵以高将恐蹶。

gù bì guì ér yǐ jiàn wéi běn
故必贵而以贱为本，

bì gāo yǐ ér yǐ xià wéi jī
必高矣而以下为基。

fú shì yǐ hóu wáng zì wèi gū guǎ bù gǔ
夫是以侯王自谓孤寡不榖。

cǐ qí jiàn zhī běn yú
此其贱之本与，

fēi yě
非也？

gù zhì shuò yù wú yù
故致数誉无誉。

shì gù bú yù lù lù ruò yù
是故不欲禄禄若玉，

luò luò ruò shí
硌硌若石。

第四十章

shàng shì wén dào
上士闻道，

qín néng xíng zhī
勤能行之。

zhōng shì wén dào
中士闻道，

ruò cún ruò wáng
若存若亡。

xià shì wén dào
下士闻道，

dà xiào zhī
大笑之。

fú xiào
弗笑，

bù zú yǐ wéi dào
不足以为道。

shì yǐ jiàn yán yǒu zhī yuē
是以建言有之曰：

míng dào rú mèi
明道如昧，

jìn dào rú tuì
进道如退，

yí dào rú lèi
夷道如类。

shàng dé rú gǔ
上德如谷，

dà bái rú rǔ
大白如辱。

guǎng dé rú bù zú
广德如不足，

jiàn dé rú tōu
建德如偷。

zhì zhēn rú yú
质真如渝。

dà fāng wú yú
大方无隅，

dà qì miǎn chéng
大器免成，

dà yīn xī shēng
大音希声，

dà xiàng wú xíng
大象无形，

dào bāo wú míng
道褒无名。

fú wéi dào
夫唯道，

shàn shǐ qiě shàn chéng
善始且善成。

第四十一章

fǎn yě zhě
反也者，

dào zhī dòng yě
道之动也；

ruò yě zhě
弱也者，

dào zhī yòng yě
道之用也。

tiān xià zhī wù shēng yú yǒu
天下之物生于有，

yǒu shēng yú wú
有生于无。

第四十二章

dào shēng yī
道生一，

yī shēng èr
一生二，

èr shēng sān
二生三，

sān shēng wàn wù
三生万物。

wàn wù fù yīn ér bào yáng
万物负阴而抱阳，

chōng qì yǐ wéi hé
冲气以为和。

tiān xià zhī suǒ wù
天下之所恶，

wéi gū guǎ bù gǔ
唯孤寡不穀，

ér wáng gōng yǐ zì míng yě
而王公以自名也。

wù huò sǔn zhī ér yì
物或损之而益，

yì zhī ér sǔn
益之而损。

gǔ rén zhī suǒ jiào
古人之所教，

yì wǒ ér jiāo rén
亦我而教人。

gù qiáng liáng zhě bù dé qí sǐ
故强梁者不得其死，

wǒ jiāng yǐ wéi xué fǔ
我将以为学父。

第四十三章

tiān xià zhī zhì róu
天下之至柔，

chí chěng yú tiān xià zhī zhì jiān
驰骋于天下之至坚。

wú yǒu rù yú wú jiàn
无有入于无间。

wú shì yǐ zhī wú wéi zhī yǒu yì yě
吾是以知无为之有益也。

bù yán zhī jiào
不言之教，

wú wéi zhī yì
无为之益，

tiān xià xī néng jí zhī yǐ
天下希能及之矣。

第四十四章

míng yǔ shēn shú qīn
名与身孰亲？

shēn yǔ huò shú duō
身与货孰多？

dé yǔ wáng shú bìng
得与亡孰病？

shèn ài bì dà fèi
甚爱必大费，

duō cáng bì hòu wáng
多藏必厚亡。

gù zhī zú bù rǔ
故知足不辱，

zhī zhǐ bú dài
知止不殆，

kě yǐ cháng jiǔ
可以长久。

第四十五章

dà chéng ruò quē
大成若缺，

qí yòng bú bì
其用不敝。

dà yíng ruò chōng
大盈若盅，

qí yòng bù qióng
其用不穷。

dà zhí rú qū
大直如诎，

dà qiǎo rú zhuō
大巧如拙，

dà yíng rú nǜ
大赢如肭。

zào shèng hán
躁胜寒，

jìng shèng rè
静胜热，

qīng jìng kě yǐ wéi tiān xià zhèng
清静可以为天下正。

第四十六章

tiān xià yǒu dào
天下有道，

què zǒu mǎ yǐ fèn
却走马以粪。

tiān xià wú dào
天下无道，

róng mǎ shēng yú jiāo
戎马生于郊。

zuì mò dà yú kě yù
罪莫大于可欲，

huò mò dà yú bù zhī zú
祸莫大于不知足，

jiù mò cǎn yú yù dé
咎莫憯于欲得。

gù zhī zú zhī zú
故知足之足，

héng zú yǐ
恒足矣。

第四十七章

bù chū yú hù
不出于户，

yǐ zhī tiān xià
以知天下。

bù kuī yú yǒu
不窥于牖，

yǐ zhī tiān dào
以知天道。

qí chū yě mí yuǎn
其出也弥远，

qí zhī mí shǎo
其知弥少。

shì yǐ shèng rén bù xíng ér zhī
是以圣人不行而知，

bú xiàn ér míng
不见而明，

fú wéi ér chéng
弗为而成。

第四十八章

wéi xué zhě rì yì
为学者日益，

wén dào zhě rì sǔn
闻道者日损。

sǔn zhī yòu sǔn
损之又损，

yǐ zhì yú wú wéi
以至于无为，

wú wéi ér wú yǐ wéi
无为而无以为。

qǔ tiān xià yě
取天下也，

héng wú shì
恒无事，

jí qí yǒu shì yě
及其有事也，

bù zú yǐ qǔ tiān xià
不足以取天下。

第四十九章

shèng rén héng wú xīn
圣人恒无心，

yǐ bǎi xìng zhī xīn wéi xīn
以百姓之心为心。

shàn zhě shàn zhī
善者善之，

bú shàn zhě yì shàn zhī
不善者亦善之，

dé shàn yě
德善也。

xìn zhě xìn zhī
信者信之，

bú xìn zhě yì xìn zhī
不信者亦信之，

dé xìn yě
德信也。

shèng rén zhī zài tiān xià
圣人之在天下，

xī xī yān
歙歙焉，

wèi tiān xià hún xīn
为天下浑心。

bǎi xìng jiē zhǔ ěr mù yān
百姓皆属耳目焉，

shèng rén jiē hái zhī
圣人皆孩之。

第五十章

chū shēng rù sǐ
出生入死。

shēng zhī tú shí yǒu sān
生之徒十有三，

sǐ zhī tú shí yǒu sān
死之徒十有三，

ér mín shēng shēng
而民生生，

dòng jiē zhī sǐ dì zhī shí yǒu sān
动皆之死地之十有三。

fú hé gù yě
夫何故也？

yǐ qí shēng shēng yě
以其生生也。

gài wén shàn shè shēng zhě
盖闻善摄生者，

líng xíng bú bì sì hǔ
陵行不避兕虎，

rù jūn bú bèi jiǎ bīng
入军不被甲兵。

sì wú suǒ tóu qí jiǎo
兕无所投其角，

hǔ wú suǒ cuò qí zhǎo
虎无所措其爪，

bīng wú suǒ róng qí rèn
兵无所容其刃，

fú hé gù yě
夫何故也？

yǐ qí wú sǐ dì yān
以其无死地焉。

第五十一章

dào shēng zhī ér dé xù zhī
道生之而德畜之，

wù xíng zhī ér qì chéng zhī
物形之而器成之。

shì yǐ wàn wù zūn dào ér guì dé
是以万物尊道而贵德。

dào zhī zūn
道之尊，

dé zhī guì yě
德之贵也，

fú mò zhī jué
夫莫之爵，

ér héng zì rán yě
而恒自然也。

dào shēng zhī
道生之，

xù zhī
畜之，

zhǎng zhī
长之，

yù zhī
育之，

tíng zhī
亭之，

dú zhī
毒之，

yǎng zhī
养之，

fù zhī
覆之。

shēng ér fú yǒu yě
生而弗有也，

wéi ér fú shì yě
为而弗恃也，

zhǎng ér fú zǎi yě
长而弗宰也，

cǐ zhī wèi xuán dé
此之谓玄德。

第五十二章

tiān xià yǒu shǐ
天下有始，

yǐ wéi tiān xià mǔ
以为天下母。

jì dé qí mǔ
既得其母，

yǐ zhī qí zǐ
以知其子；

jì zhī qí zǐ
既知其子，

fù shǒu qí mǔ
复守其母，

mò shēn bú dài
没身不殆。

sè qí duì
塞其兑，

bì qí mén
闭其门，

zhōng shēn bù qín
终身不勤。

qǐ qí duì
启其埶，

jì qí shì
济其事，

zhōng shēn bú jiù
终身不救。

xiàn xiǎo yuē míng
见小曰明，

shǒu róu yuē qiáng
守柔曰强。

yòng qí guāng
用其光，

fù guī qí míng
复归其明。

wú yí shēn yāng
毋遗身殃，

shì wèi xí cháng
是谓袭常。

第五十三章

shǐ wǒ qiè yǒu zhī
使我挈有知，

xíng yú dà dào
行于大道，

wéi yǐ shì wèi
唯迤是畏。

dà dào shèn yí
大道甚夷，

mín shèn hào jìng
民甚好径。

cháo shèn chú
朝甚除，

tián shèn wú
田甚芜，

cāng shèn xū
仓甚虚。

fú wén cǎi
服文采，

dài lì jiàn
带利剑，

yàn yǐn shí
猒饮食，

zī cái yǒu yú
资财有余。

shì wèi dào yú
是谓盗竽，

fēi dào yě zāi
非道也哉！

第五十四章

shàn jiàn zhě bù bá
善建者不拔，

shàn bào zhě bù tuō
善抱者不脱，

zǐ sūn yǐ jì sì bù jué
子孙以祭祀不绝。

xiū zhī shēn
修之身，

qí dé nǎi zhēn
其德乃真。

xiū zhī jiā
修之家，

qí dé yǒu yú
其德有余。

xiū zhī xiāng
修之乡，

qí dé nǎi cháng
其德乃长。

xiū zhī bāng
修之邦，

qí dé nǎi fēng
其德乃丰。

xiū zhī tiān xià
修之天下，

qí dé nǎi bó
其德乃博。

yǐ shēn guān shēn
以身观身，

yǐ jiā guān jiā
以家观家，

yǐ xiāng guān xiāng
以乡观乡，

yǐ bāng guān bāng
以邦观邦，

yǐ tiān xià guān tiān xià
以天下观天下。

wú hé yǐ zhī tiān xià zhī rán zāi
吾何以知天下之然哉？

yǐ cǐ
以此。

第五十五章

hán dé zhī hòu zhě
含德之厚者，

bǐ yú chì zǐ
比于赤子。

fēng chài huǐ shé fú shì
蜂虿虺蛇弗螫，

jué niǎo měng shòu fú bó
攫鸟猛兽弗搏。

gǔ ruò jīn róu ér wò gù
骨弱筋柔而握固，

wèi zhī pìn mǔ zhī huì ér zuī nù
未知牝牡之会而朘怒，

jīng zhī zhì yě
精之至也。

zhōng rì háo ér bú shà
终日号而不嗄，

hé zhī zhì yě
和之至也。

zhī hé yuē cháng
知和曰常，

zhī cháng yuē míng
知常曰明，

yì shēng yuē xiáng
益生曰祥，

xīn shǐ qì yuē qiáng
心使气曰强。

wù zhuàng jí lǎo
物壮即老，

wèi zhī bú dào
谓之不道，

bú dào zǎo yǐ
不道早已。

第五十六章

zhī zhě fú yán
知 者 弗 言，

yán zhě fú zhī
言 者 弗 知。

sè qí duì
塞 其 境，

bì qí mén
闭 其 门，

hé qí guāng
和 其 光，

tóng qí chén
同 其 尘，

cuò qí ruì
挫 其 锐，

jiě qí fēn
解 其 纷，

shì wèi xuán tóng
是谓玄同。

gù bù kě dé ér qīn
故不可得而亲，

yì bù kě dé ér shū
亦不可得而疏；

bù kě dé ér lì
不可得而利，

yì bù kě dé ér hài
亦不可得而害；

bù kě dé ér guì
不可得而贵，

yì bù kě dé ér jiàn
亦不可得而贱；

gù wéi tiān xià guì
故为天下贵。

第五十七章

yǐ zhèng zhì bāng
以正治邦，

yǐ qí yòng bīng
以奇用兵，

yǐ wú shì qǔ tiān xià
以无事取天下。

wú hé yǐ zhī qí rán yě zāi
吾何以知其然也哉？

fú tiān xià duō jì huì
夫天下多忌讳，

ér mín mí pín
而民弥贫。

mín duō lì qì
民多利器，

ér bāng jiā zī hūn
而邦家滋昏。

rén duō zhì qiǎo
人多智巧，

ér qí wù zī qǐ
而奇物滋起。

fǎ wù zī zhāng
法物滋彰，

ér dào zéi duō yǒu
而盗贼多有。

shì yǐ shèng rén zhī yán yuē
是以圣人之言曰：

wǒ wú wéi ér mín zì huà
我无为而民自化，

wǒ hào jìng ér mín zì zhèng
我好静而民自正，

wǒ wú shì ér mín zì fù
我无事而民自富，

wǒ yù bú yù ér mín zì pǔ
我欲不欲而民自朴。

第五十八章

qí zhèng mèn mèn
其政闷闷，

qí mín dūn dūn
其民惇惇。

qí zhèng chá chá
其政察察，

qí mín kuài kuài
其民狯狯。

huò
祸，

fú zhī suǒ yǐ
福之所倚；

fú
福，

huò zhī suǒ fú
祸之所伏，

shú zhī qí jí
孰知其极？

qí wú zhèng yě
其无正也，

zhèng fù wéi qí
正复为奇，

shàn fù wéi yāo
善复为妖，

rén zhī mí yě
人之迷也，

qí rì gù jiǔ yǐ
其日固久矣。

shì yǐ fāng ér bù gē
是以方而不割，

lián ér bú cì
廉而不刺，

zhí ér bú sì
直而不肆，

guāng ér bú yào
光而不耀。

第五十九章

zhì rén shì tiān mò ruò sè
治人事天莫若啬，

fú wéi sè
夫唯啬，

shì yǐ zǎo fú
是以早服，

zǎo fú shì wèi zhòng jī dé
早服是谓重积德。

zhòng jī dé zé wú bú kè
重积德则无不克，

wú bú kè zé mò zhī qí jí
无不克则莫知其极。

mò zhī qí jí
莫知其极，

kě yǐ yǒu guó
可以有国。

yǒu guó zhī mǔ
有国之母，

kě yǐ cháng jiǔ
可以长久。

shì wèi shēn gēn gù dǐ
是谓深根固氐，

cháng shēng jiǔ shì zhī dào yě
长生久视之道也。

第六十章

zhì dà bāng ruò pēng xiǎo xiān
治大邦若烹小鲜。

yǐ dào lì tiān xià
以道莅天下，

qí guǐ bù shén
其鬼不神。

fēi qí guǐ bù shén yě
非其鬼不神也，

qí shén bù shāng rén yě
其神不伤人也。

fēi qí shén bù shāng rén yě
非其神不伤人也，

shèng rén yì fú shāng yě
圣人亦弗伤也。

fú liǎng bù xiāng shāng
夫两不相伤，

gù dé jiāo guī yān
故德交归焉。

第六十一章

dà bāng zhě
大 邦 者，

xià liú yě
下 流 也，

tiān xià zhī pìn
天 下 之 牝。

tiān xià zhī jiāo yě
天 下 之 交 也，

pìn héng yǐ jìng shèng mǔ
牝 恒 以 静 胜 牡。

wéi qí jìng yě
为 其 静 也，

gù yí wéi xià
故 宜 为 下。

dà bāng yǐ xià xiǎo bāng
大 邦 以 下 小 邦，

zé qǔ xiǎo bāng
则取小邦；

xiǎo bāng yǐ xià dà bāng
小邦以下大邦，

zé qǔ yú dà bāng
则取于大邦。

gù huò xià yǐ qǔ
故或下以取，

huò xià ér qǔ
或下而取。

gù dà bāng zhě
故大邦者，

bú guò yù jiān xù rén
不过欲兼畜人，

xiǎo bāng zhě
小邦者，

bú guò yù rù shì rén
不过欲入事人。

fú jiē dé qí yù
夫皆得其欲，

dà zhě yí wéi xià
大者宜为下。

第六十二章

dào zhě wàn wù zhī zhǔ yě
道者万物之主也，

shàn rén zhī bǎo yě
善人之宝也，

bú shàn rén zhī suǒ bǎo yě
不善人之所保也。

měi yán kě yǐ shì
美言可以市，

zūn xíng kě yǐ jiā rén
尊行可以加人。

rén zhī bú shàn yě
人之不善也，

hé qì zhī yǒu
何弃之有。

gù lì tiān zǐ
故立天子，

zhì sān qīng
置三卿，

suī yǒu gǒng zhī bì yǐ xiān sì mǎ
虽有拱之璧以先驷马，

bú ruò zuò ér jìn cǐ
不若坐而进此。

gǔ zhī suǒ yǐ guì cǐ zhě hé yě
古之所以贵此者何也？

bú wèi qiú yǐ dé
不谓求以得，

yǒu zuì yǐ miǎn yú
有罪以免与！

gù wéi tiān xià guì
故为天下贵。

第六十三章

wéi wú wéi
为 无 为，

shì wú shì
事 无 事，

wèi wú wèi
味 无 味，

dà xiǎo
大 小，

duō shǎo
多 少，

bào yuàn yǐ dé
报 怨 以 德。

tú nán hū qí yì yě
图 难 乎 其 易 也，

wéi dà hū qí xì yě
为 大 乎 其 细 也。

tiān xià zhī nán zuò yú yì
天下之难作于易，

tiān xià zhī dà zuò yú xì
天下之大作于细，

shì yǐ shèng rén zhōng bù wéi dà
是以圣人终不为大，

gù néng chéng qí dà
故能成其大。

fú qīng nuò bì guǎ xìn
夫轻诺必寡信，

duō yì bì duō nán
多易必多难，

shì yǐ shèng rén yóu nán zhī
是以圣人犹难之，

gù zhōng yú wú nán
故终于无难。

第六十四章

qí ān yě
其安也，

yì chí yě
易持也。

qí wèi zhào yě
其未兆也，

yì móu yě
易谋也。

qí cuì yě
其脆也，

yì pò yě
易破也。

qí wēi yě
其微也，

yì sàn yě
易散也。

wéi zhī yú qí wèi yǒu yě
为之于其未有也，

zhì zhī yú qí wèi luàn yě
治之于其未乱也。

hé bào zhī mù
合抱之木，

shēng yú háo mò
生于毫末。

jiǔ céng zhī tái
九层之台，

zuò yú léi tǔ
作于蔂土。

bǎi rèn zhī gāo
百仞之高，

shǐ yú zú xià
始于足下。

wéi zhī zhě bài zhī
为之者败之，

zhí zhī zhě shī zhī
执之者失之。

shì yǐ shèng rén wú wéi yě
是以圣人无为也，

gù wú bài yě
故无败也；

wú zhí yě
无执也，

gù wú shī yě
故无失也。

mín zhī cóng shì yě
民之从事也，

héng yú qí chéng ér bài zhī
恒于其成而败之，

gù shèn zhōng ruò shǐ
故慎终若始，

zé wú bài shì yǐ
则无败事矣。

shì yǐ shèng rén yù bú yù
是以圣人欲不欲，

ér bú guì nán dé zhī huò
而不贵难得之货；

xué bù xué
学不学，

ér fù zhòng rén zhī suǒ guò
而复众人之所过；

néng fǔ wàn wù zhī zì rán
能辅万物之自然，

ér fú gǎn wéi
而弗敢为。

第六十五章

gù yuē
故曰：

wéi dào zhě fēi yǐ míng mín yě
为道者非以明民也，

jiāng yǐ yú zhī yě
将以愚之也。

mín zhī nán zhì yě
民之难治也，

yǐ qí zhì yě
以其智也。

gù yǐ zhì zhì bāng
故以智治邦，

bāng zhī zéi yě
邦之贼也；

yǐ bú zhì zhì bāng
以不智治邦，

bāng zhī dé yě
邦之德也。

héng zhī cǐ liǎng zhě
恒知此两者，

yì jī shì yě
亦稽式也；

héng zhī jī shì
恒知稽式，

cǐ wèi xuán dé
此谓玄德。

xuán dé shēn yǐ
玄德深矣，

yuǎn yǐ
远矣，

yǔ wù fǎn yǐ
与物反矣，

nǎi zhì dà shùn
乃至大顺。

第六十六章

jiāng hǎi zhī suǒ yǐ néng wéi bǎi gǔ wáng zhě
江海之所以能为百谷王者，

yǐ qí shàn xià zhī
以其善下之，

shì yǐ néng wéi bǎi gǔ wáng
是以能为百谷王。

shì yǐ shèng rén zhī yù shàng mín yě
是以圣人之欲上民也，

bì yǐ qí yán xià zhī
必以其言下之；

qí yù xiān mín yě
其欲先民也，

bì yǐ qí shēn hòu zhī
必以其身后之。

gù jū qián ér mín fú hài yě
故居前而民弗害也，

jū shàng ér mín fú zhòng yě
居上而民弗重也。

tiān xià lè tuī ér fú yàn yě
天下乐推而弗厌也。

fēi yǐ qí wú zhēng yú
非以其无争与，

gù tiān xià mò néng yǔ zhēng
故天下莫能与争。

第六十七章

xiǎo bāng guǎ mín
小邦寡民，

shǐ shí bǎi rén zhī qì wú yòng
使十百人之器毋用，

shǐ mín zhòng sǐ ér yuǎn xǐ
使民重死而远徙。

yǒu chē zhōu wú suǒ chéng zhī
有车舟无所乘之；

yǒu jiǎ bīng wú suǒ chén zhī
有甲兵无所陈之；

shǐ mín fù jié shéng ér yòng zhī
使民复结绳而用之。

gān qí shí
甘其食，

měi qí fú
美其服，

lè qí sú
乐其俗，

ān qí jū
安其居，

lín bāng xiāng wàng
邻邦相望，

jī gǒu zhī shēng xiāng wén
鸡狗之声相闻，

mín zhì lǎo sǐ bù xiāng wǎng lái
民至老死不相往来。

第六十八章

xìn yán bù měi
信言不美，

měi yán bú xìn
美言不信。

zhī zhě bù bó
知者不博，

bó zhě bù zhī
博者不知。

shàn zhě bù duō
善者不多，

duō zhě bú shàn
多者不善。

shèng rén wú jī
圣人无积，

jì yǐ wèi rén
既以为人，

jǐ yù yǒu
己愈有；

jì yǐ yǔ rén yǐ
既以予人矣，

jǐ yù duō
己愈多。

gù tiān zhī dào
故天之道，

lì ér bú hài
利而不害；

rén zhī dào
人之道，

wéi ér fú zhēng
为而弗争。

第六十九章

tiān xià jiē wèi wǒ dà
天下皆谓我大，

dà ér bú xiào
大而不肖。

fú wéi dà
夫唯大，

gù bú xiào
故不肖。

ruò xiào
若肖，

xì jiǔ yǐ
细久矣。

wǒ héng yǒu sān bǎo
我恒有三宝，

chí ér bǎo zhī
持而宝之。

yī yuē cí
一曰慈，

èr yuē jiǎn
二曰俭，

sān yuē bù gǎn wéi tiān xià xiān
三曰不敢为天下先。

fú cí
夫慈，

gù néng yǒng
故能勇；

jiǎn
俭，

gù néng guǎng
故能广；

bù gǎn wéi tiān xià xiān
不敢为天下先，

gù néng wéi chéng shì zhǎng
故能为成事长。

jīn shě qí cí
今舍其慈，

qiě yǒng
且勇；

shě qí jiǎn
舍 其 俭，

qiě guǎng
且 广；

shě qí hòu
舍 其 后，

qiě xiān
且 先，

zé bì sǐ yǐ
则 必 死 矣。

fú cí
夫 慈，

yǐ zhàn zé shèng
以 战 则 胜，

yǐ shǒu zé gù
以 守 则 固。

tiān jiāng jiàn zhī
天 将 建 之，

rú yǐ cí yuán zhī
如 以 慈 垣 之。

第七十章

shàn wéi shì zhě bù wǔ
善为士者不武，

shàn zhàn zhě bú nù
善战者不怒，

shàn shèng dí zhě fú yǔ
善胜敌者弗与，

shàn yòng rén zhě wéi zhī xià
善用人者为之下。

shì wèi bù zhēng zhī dé
是谓不争之德，

shì wèi yòng rén
是谓用人，

shì wèi pèi tiān
是谓配天，

gǔ zhī jí yě
古之极也。

第七十一章

yòng bīng yǒu yán yuē
用 兵 有 言 曰：

wú bù gǎn wéi zhǔ ér wéi kè
吾 不 敢 为 主 而 为 客，

wú bù gǎn jìn cùn ér tuì chǐ
吾 不 敢 进 寸 而 退 尺。

shì wèi xíng wú háng
是 谓 行 无 行，

rǎng wú bì
攘 无 臂，

zhí wú bīng
执 无 兵，

nǎi wú dí yǐ
乃 无 敌 矣。

huò mò dà yú wú dí
祸 莫 大 于 无 敌，

wú dí jìn wáng wú bǎo yǐ
无敌近亡吾宝矣。

gù chēng bīng xiāng ruò
故称兵相若，

zé āi zhě shèng yǐ
则哀者胜矣。

第七十二章

wú yán shèn yì zhī yě
吾言甚易知也，

shèn yì xíng yě
甚易行也；

ér rén mò zhī néng zhī yě
而人莫之能知也，

ér mò zhī néng xíng yě
而莫之能行也。

yán yǒu jūn
言有君，

shì yǒu zōng
事有宗。

fú wéi wú zhī yě
夫唯无知也，

shì yǐ bù wǒ zhī
是以不我知。

zhī wǒ zhě xī
知我者希，

zé wǒ guì yǐ
则我贵矣。

shì yǐ shèng rén pī hè ér huái yù
是以圣人被褐而怀玉。

第七十三章

zhī bù zhī
知不知，

shàng yǐ
尚矣；

bù zhī zhī
不知知，

bìng yǐ
病矣。

shì yǐ shèng rén zhī bú bìng
是以圣人之不病，

yǐ qí bìng bìng
以其病病，

shì yǐ bú bìng
是以不病。

第七十四章

mín zhī bú wèi wēi
民之不畏威，

zé dà wēi jiāng zhì yǐ
则大威将至矣。

wú xiá qí suǒ jū
毋狭其所居，

wú yàn qí suǒ shēng
毋厌其所生。

fú wéi fú yàn
夫唯弗厌，

shì yǐ bú yàn
是以不厌。

shì yǐ shèng rén zì zhī ér bú zì xiàn yě
是以圣人自知而不自见也

zì ài ér bú zì guì yě
自爱而不自贵也。

gù qù bǐ qǔ cǐ
故去彼取此。

第七十五章

yǒng yú gǎn zhě zé shā
勇于敢者则杀，

yǒng yú bù gǎn zhě zé huó
勇于不敢者则活。

cǐ liǎng zhě huò lì huò hài
此两者或利或害，

tiān zhī suǒ wù
天之所恶，

shú zhī qí gù
孰知其故？

tiān zhī dào
天之道，

bú zhàn ér shàn shèng
不战而善胜，

bù yán ér shàn yìng
不言而善应，

bú zhào ér zì lái
不召而自来，

tǎn ér shàn móu
坦而善谋。

tiān wǎng huī huī
天网恢恢，

shū ér bù shī
疏而不失。

第七十六章

ruò mín héng qiě bú wèi sǐ
若民恒且不畏死，

nài hé yǐ shā jù zhī yě
奈何以杀惧之也？

ruò mín héng qiě wèi sǐ
若民恒且畏死，

ér wéi qí zhě wú dé ér shā zhī
而为奇者吾得而杀之，

fú shú gǎn yǐ
夫孰敢矣。

ruò mín héng qiě bì wèi sǐ
若民恒且必畏死，

zé héng yǒu sī shā zhě
则恒有司杀者。

fú dài sī shā zhě shā
夫代司杀者杀，

shì dài dà jiàng zhuó yě
是代大匠斲也。

fú dài dà jiàng zhuó zhě
夫代大匠斲者，

zé xī bù shāng qí shǒu yǐ
则希不伤其手矣。

第七十七章

rén zhī jī yě
人之饥也，

yǐ qí qǔ shí shuì zhī duō yě
以其取食税之多也，

shì yǐ jī
是以饥。

bǎi xìng zhī bú zhì yě
百姓之不治也，

yǐ qí shàng yǒu yǐ wéi yě
以其上有以为也，

shì yǐ bú zhì
是以不治。

mín zhī qīng sǐ
民之轻死，

yǐ qí qiú shēng zhī hòu yě
以其求生之厚也，

shì yǐ qīng sǐ
是以轻死。

fú wéi wú yǐ shēng wéi zhě
夫唯无以生为者，

shì xián guì shēng
是贤贵生。

第七十八章

rén zhī shēng yě róu ruò
人之生也柔弱，

qí sǐ yě jīn rèn jiān qiáng
其死也筋肕坚强。

wàn wù cǎo mù zhī shēng yě róu cuì
万物草木之生也柔脆，

qí sǐ yě kū gǎo
其死也枯槁。

gù yuē
故曰：

jiān qiáng zhě sǐ zhī tú yě
坚强者死之徒也；

róu ruò wēi xì shēng zhī tú yě
柔弱微细生之徒也。

bīng qiáng zé bú shèng
兵强则不胜，

mù qiáng zé hōng
木强则烘。

qiáng dà jū xià
强大居下，

róu ruò wēi xì jū shàng
柔弱微细居上。

第七十九章

tiān zhī dào
天之道，

yóu zhāng gōng zhě yě
犹张弓者也。

gāo zhě yì zhī
高者抑之，

xià zhě jǔ zhī
下者举之；

yǒu yú zhě sǔn zhī
有余者损之，

bù zú zhě bǔ zhī
不足者补之。

gù tiān zhī dào
故天之道，

sǔn yǒu yú ér yì bù zú
损有余而益不足；

rén zhī dào zé bù rán
人之道则不然，

sǔn bù zú ér fèng yǒu yú
损不足而奉有余。

shú néng yǒu yú ér yǒu yǐ qǔ fèng
孰能有余而有以取奉

yú tiān zhě hū
于天者乎？

wéi yǒu dào zhě hū
唯有道者乎。

shì yǐ shèng rén wéi ér fú yǒu
是以圣人为而弗有，

chéng gōng ér fú jū yě
成功而弗居也，

ruò cǐ qí bú yù xiàn xián yě
若此其不欲见贤也。

第八十章

tiān xià mò róu ruò yú shuǐ
天下莫柔弱于水，

ér gōng jiān qiáng zhě mò zhī néng
而攻坚强者莫之能

shèng yě
胜也，

yǐ qí wú yǐ yì zhī yě
以其无以易之也。

róu zhī shèng gāng
柔之胜刚，

ruò zhī shèng qiáng
弱之胜强，

tiān xià mò fú zhī yě
天下莫弗知也，

ér mò néng xíng yě
而莫能行也。

gù shèng rén zhī yán yún
故圣人之言云，

yuē
曰：

shòu bāng zhī gòu
受邦之垢，

shì wèi shè jì zhī zhǔ
是谓社稷之主；

shòu bāng zhī bù xiáng
受邦之不祥，

shì wèi tiān xià zhī wáng
是谓天下之王。

zhèng yán ruò fǎn
正言若反。

第八十一章

hé dà yuàn
和 大 怨，

bì yǒu yú yuàn
必 有 余 怨，

yān kě yǐ wéi shàn
焉 可 以 为 善？

shì yǐ shèng rén zhí yòu qì
是 以 圣 人 执 右 契，

ér bù yǐ zé yú rén
而 不 以 责 于 人。

gù yǒu dé sī qì
故 有 德 司 契，

wú dé sī chè
无 德 司 彻。

fú tiān dào wú qīn
夫 天 道 无 亲，

héng yǔ shàn rén
恒 与 善 人。

本书勘校注音所参部分书目

本书是站在巨人肩膀上勘校编注而成，感谢所参书目：

国家文物局古文献研究室．马王堆汉墓帛书 [M]. 北京：文物出版社，1980.

高明．帛书老子校注 [M]. 北京：中华书局，1996.

《中华少年经典阅读书系》编委会．老子·道德经 [M]. 武汉：武汉大学出版社，2013.

汉语拼音正词法基本规则（GB/T16159—2012）[M]. 北京：中国质检出版社

辞海 [M]. 上海：上海辞书出版社，1980.

辞源［M］. 北京：商务印书馆，1915.

现代汉语词典［M］. 北京：商务印书馆，1978.

学生字典［M］. 北京：商务印书馆国际有限公司，2016.

附　一

本书章节与今本章节对照

第一章——今本第1章

第二章——今本第2章

第三章——今本第3章

第四章——今本第4章

第五章——今本第5章

第六章——今本第6章

第七章——今本第7章

第八章——今本第8章

第九章——今本第9章

第十章——今本第10章

第十一章——今本第11章

第十二章——今本第12章

第十三章——今本第13章

第十四章——今本第14章

第十五章——今本第15章

第十六章——今本第16章

第十七章——今本第17章

第十八章——今本第18章

第十九章——今本第19章

第二十章——今本第20章

第二十一章——今本第21章

第二十二章——今本第24章

第二十三章——今本第22章

第二十四章——今本第23章

第二十五章——今本第25章

第二十六章——今本第26章

第二十七章——今本第27章

第二十八章——今本第28章

第二十九章——今本第29章

第三十章———今本第30章

第三十一章——今本第31章

第三十二章——今本第32章

第三十三章——今本第33章

第三十四章——今本第34章

第三十五章——今本第35章

第三十六章——今本第36章

第三十七章——今本第37章

第三十八章——今本第38章

第三十九章——今本第39章

第四十章———今本第41章

第四十一章——今本第40章

第四十二章——今本第42章

第四十三章——今本第43章

第四十四章——今本第44章

第四十五章——今本第45章

第四十六章——今本第46章

第四十七章——今本第47章

第四十八章——今本第48章

第四十九章——今本第49章

第五十章———今本第50章

第五十一章——今本第51章

第五十二章——今本第52章

第五十三章——今本第53章

第五十四章——今本第54章

第五十五章——今本第55章

第五十六章——今本第56章

第五十七章——今本第57章

第五十八章——今本第58章

第五十九章——今本第59章

第六十章———今本第60章

第六十一章——今本第61章

第六十二章——今本第62章

第六十三章——今本第63章

第六十四章——今本第64章

第六十五章——今本第65章

第六十六章——今本第66章

第六十七章——今本第80章

第六十八章——今本第81章

第六十九章——今本第67章

第七十章———今本第68章

第七十一章——今本第69章

第七十二章——今本第70章

第七十三章——今本第71章

第七十四章——今本第72章

第七十五章——今本第73章

第七十六章——今本第74章

第七十七章——今本第75章

第七十八章——今本第76章

第七十九章——今本第77章

第八十章———今本第78章

第八十一章——今本第79章

附　二

加点文字的注释

1. 本书凡是章节有“不”字的读音，据《汉语拼音正词法基本规则》中“声调一律标原调，不标变调，但是在语音教学时可以根据需要按变调标写”的规定，本书经文中“不”字均应注去声，即“bù ”。但为了给读者提供最佳诵读体验，本书经文所有读阳平变调的“不”字均直接注第二声，即“bú”，并在“不”字下加点。共计：七十八处。

2. 呵（a）。呵，作语气助词，表停顿。据经义，本书经文中的“呵”皆不可以读作

hē 等，应一律读作“a”。除本经第一个“呵”字下加点之外，其他“呵”字一概不加，但读音相同。

3. 第二章和（hé）。据经义，在此不可以读 hè 。

4. 第四章盅（chōng）。据经义，在此不可以读 zhōng 。盅 zhōng，杯类；盅 chōng，器皿空虚。见《说文·皿部》。王弼本、乙本、今本均作“冲”。

5. 第五章屈（jué）。据经义，在此不可以读 qū 。

6. 第五章数（shuò）。据经义，在此不可以读 shù 。

7. 第八章恶（wù）。据经义，在此不可以读 è 。帛书甲本“居众之所恶”，乙本、王弼本、今本作“居众人之所恶”，在“众”

字后皆有一“人”字，当属于古人抄写时衍入，应删之。本章经文“水善利万物而有静”，故“众”指“万物”而非“众人”。

8. 第九章揣（zhuī）。揣，锤击。据经义，在此不可以读chuāi等。

9. 第十章鉴(jiàn)。王弼本作“览”，乙本作“监”，“监”即古“鉴”字。帛书甲本原作“蓝”，属于借字，在此亦读jiàn。

10. 第十一章卅（sānshí）。卅，三十。原音：sà，在此当读作“三十”。卅属多音节汉字，如“圕”，图书馆，原音：tuān，读作“图书馆”，拼音：túshūguǎn；“砼”，原音：tóng，读作“混凝土”，拼音：hùnníngtǔ；“浬”，海里，读作海里，拼音：hǎilǐ；“嗧”，加仑，读作加仑，拼音：jiālún。

11. 第十二章为(wéi)。据经义，在此不可以读 wèi。

12. 第十四章寻（xún）。帛书甲本、乙本均作“寻寻”，王弼本、今本均作“绳绳”。

13. 第十五章混（hún）。帛书甲本、乙本皆作“湷”，“湷”古通“浑（hún）”。传世诸本皆作“浑”，“浑”通“混”，王弼本作“混兮”，今本从王弼本。《离骚》:“世混浊而不分兮。”

14. 第二十章咳（hái）。咳，小儿笑。见《说文·口部》。据经义，在此不可以读 hāi 或 ké 等。

15. 第二十章累（léi）。据经义，在此不可以读 lèi。《礼记·玉藻》:“丧容累累。”瘦瘠疲惫的样子。“累累”通“羸羸”。

16. 第二十章食（sì）。食通“饲”，《诗经·小雅·绵蛮》:“饮之食之。”据经义,在此不可以读 shí 。

17. 第二十一章父（fǔ）。通“甫”，开始。据经义，在此不可以读 fù 。

18. 第二十二章者。“自是者不彰”，帛书甲本原无“者”字。

19. 第二十二章见（xiàn）。音、义同第二十三章“不自见故明”、第四十七章“不见而明”、第五十二章“见小曰明”、第七十四章“是以圣人自知而不自见也”。

20. 第二十七章墨（mò）。帛书甲本“无墨”二字残毁，据乙本补。王弼本、今本“墨约”二字均作“绳约”。

21. 第三十一章立（lì）。帛书甲本、乙本原皆作“立”。

22. 第三十三章而（ér）。帛书甲本原无“而”字，据乙本补。

23. 第三十三章亡（wáng）。帛书甲本、乙本原作“忘”。乙本、王弼本、今本在“死”字后皆有一“而”字，王弼本：“死而不亡者寿”。

24. 第三十八章而（ér）。帛书甲本原无“而”字，据乙本补。

25. 第四十二章教（jiāo）。教，传授知识技能。不同于上句“古人之所教（jiào，训诲）”。

26. 第四十二章父（fǔ）。音、义同第二十一章。帛书乙本“父”前残缺两字，王弼本、今本均作“教父”。

27. 第四十五章 盅（chōng）。音、义同第四章

28. 第四十五章朒（nǜ）。朒，不足。

见《九章算术》第七章：盈朒。魏晋·刘徽（约225—295）："盈者谓之朓[tiǎo]，不足者谓之朒。"帛书甲本原作"肭"。

29. 第四十九章歙（xī）。帛书甲本原作"愴"，从王弼本。

30. 第五十章被（bèi）。被，加、及。《广雅·释诂》："被，加也。"

31. 第五十四章邦（bāng）。帛书甲本残毁，据乙本补。乙本避汉高祖刘邦之讳，故乙本"国"字入甲本当改作"邦"。"修之邦"正合本章下文"以邦观邦"。

32. 第五十五章嗄（shà）。嗄，嘶哑。《庄子·庚桑楚》："儿子终日嗥[háo]而嗌[yì]不嗄。"

33. 第五十八章狯（kuài）。狯，狡诈。帛书甲本原作"夬[guài]"。"夬"借为"狭

[jué]”，“狭”同狘。《集韵》：狭，古穴切，音决。兽走也。《类篇》兽名。又《集韵》古迈切，音夬。《集韵》本作狘，或作狤。

34. 第六十章邦（bāng）。帛书甲本残毁，据乙本补。乙本“国”字入甲本当改作“邦”，同第五十四章。

35. 第六十四章其（qí）。帛书甲本、乙本均作“其”，王弼本、今本均作“几”，当属抄写之误。据本章经文“为之者败之”，“是以圣人无为也，故无败也”，所以，“民之从事也，恒于其成而败之”。

36. 第六十七章车舟（chē zhōu）。帛书甲本原作“车周（舟）”，乙本作“周（舟）车”，王弼本、今本皆作“舟舆”。

37. 第七十二章君（jūn）；宗（zōng）。

帛书乙本作“夫言又（有）宗，事又（有）君”。王弼本作“言有宗，事有君”。

38. 第七十九章益（yì）。帛书甲本残缺。据乙本补。王弼本、今本皆作“补”。